Inhalt

4PL (Fourth Party Logistics)

Kernthesen

Beitrag

Fallbeispiele

Weiterführende Literatur

Impressum

# 4PL (Fourth Party Logistics)

I.Zeilhofer-Ficker

Kernthesen

- Um auf dem hart umkämpften Logistikmarkt bestehen zu können, kann die Entwicklung zum 4PL, zum Fourth Party Logistics Provider, ein erfolgversprechender Weg in die Zukunft von Logistikdienstleistern sein.
- Wahres 4PL braucht drei Schlüsselkompetenzen: logistisches Fachwissen, IT-Kompetenz und Beratungskompetenz zur Optimierung von Prozessen und Abläufen.
- Da kaum ein Unternehmen alle drei Schlüsselkompetenzen aus eigener Hand bieten kann, werden Kooperationen oder

Joint Ventures zur Optimierung des Dienstleistungsangebotes geschlossen.

Beitrag

In den ersten Monaten des Jahres trafen sich die Vertreter der Logistik-Branche in verschiedenen Foren und Veranstaltungen, um sich u. a. über die Zukunft der Branche auszutauschen. Als Beispiele seien hier nur das Logistics Forum Duisburg, das Praxisseminar in Berlin, die 4. Transport Logistik Internet in Bremen und die Dortmunder Gespräche genannt. (1), (2), (3)

Das Thema 4PL (Fourth Party Logistics) wurde als ein möglicher Weg für Logistikanbieter genannt, um in der Zukunft erfolgreich auf dem hart umkämpften Logistikmarkt zu sein.

One-Stop-Shopping-Logistik-Lösung gewünscht

Die Konzentration auf die Kernkompetenzen hat bei Industrieunternehmen den Wunsch geweckt, das gesamte logistische Management der Supply Chain an "eine Hand" abzugeben. Der Begriff des 4PL-Providers war geboren. Der wahre Fourth-Party-

Logistics-Provider handelt dabei als neutraler Koordinator, der neben den klassischen Logistikleistungen wie Transport und Lagerung auch Zusatzdienstleistungen wie Order Processing, Retourenabwicklung sowie Unterstützung bei der Logistikplanung anbietet. Vor allem aber hebt er sich durch die komplette Übernahme der IT-Dienstleistung ab, d. h. die unternehmensübergreifende Integration von Planungs-, Steuerungs- und Überwachungsprozessen. (4)

Ein 4PL bietet die Softwareplattform und fungiert gleichzeitig als eine Art "Logistikleitstand". Umfassende Logistikdienstleistungen sind von ihm zu erbringen, indem er ein Netzwerk von 3PL (Kontraktlogistiker) für eine optimale Kundenlösung verknüpft. Was das "Fulfillment" angeht, sind die 4PL auf nachgelagerte Dienstleister wie Frachtfuehrer, KEP-Dienste oder Netzwerk-Dienstleister angewiesen. Das führende Logistiksteuerungssystem ist die Basis des 4PL.

Da gerade global agierende Industrieunternehmen nach wie vor auf mehrere Logistik-Lieferanten angewiesen sind, um die Optimierung von Kosten und Serviceanforderungen zu erreichen, bietet es sich an, die Koordinierung von sachlich und/oder regional abgegrenzten Teilaufgaben in die Hand eines neutralen Dritten auszulagern. Das Ziel der Unternehmen dabei ist, dass sie nur noch bei unvorhergesehenen Problemen oder Engpässen proaktiv einen Warnhinweis erhalten. Alle "Standardinformationen" sollen in einem Data-Warehouse abrufbereit für sie zur Verfügung stehen, wenn sie gebraucht werden. Ein lückenloser Informations- und Kommunikationsfluss über die gesamte Wertschöpfungskette ist das Ziel.

Um diese Ziele zu erreichen, muss der 4PL über folgende Kompetenzen verfügen:

- logistisches Fachwissen
- IT-Kompetenz
- Beratungskompetenz zur Optimierung von Prozessen und Abläufen (5)

1. Logistisches Fachwissen

Meistens können selbst große, weltumspannende Speditions- und Logistikkonzerne nicht für jede Teilaufgabe im Bereich Lagerung und Transport ein optimales Angebot zur Verfügung stellen. Die Aufgabe des 4PL ist hier das "Logistics Fullfillment" zu planen, zu optimieren und zu steuern. Dabei wird der 4PL nicht nur konzerneigene oder

Partnerunternehmen wählen, sondern den jeweils besten und kostengünstigsten Logistikanbieter für die speziell benötigte Transport- oder Lagerdienstleistung. Auch beim Kunden selbst verbleibende Leistungen wie selbstbewirtschaftete Lager müssen in die Koordinierung mit einbezogen werden.

Das für diese Aufgabe benötigte Fachwissen legt den Schluss nahe, dass vor allem Logistik-Dienstleister als 4PL-Provider in Frage kommen. Genauso wichtig ist für ein effektives Supply Chain Management aber auch die passende IT-Lösung.

2. IT-Kompetenz

Die Vernetzung von IT-Systemen in den Bereichen Beschaffung und Einkauf, Lagerhaltung und Transport, Produktion und Fertigung, Distribution und Versand ist eine unumgängliche Voraussetzung für ein optimiertes Supply Chain Management. Auch die unternehmensübergreifende Vernetzung von oftmals unterschiedlichen Informationssystemen ist notwendig. 4PL-Kunden erwarten einen reibungs- und lückenlosen Informations- und Kommunikationsfluss und Visibilität über alle relevanten Daten aus dem Transport- und Lagerhaltungsbereich. Die dafür erforderliche IT-

Kompetenz ist oftmals bei Logistik-Dienstleistern nicht vorhanden. Es ist deshalb auch denkbar, dass ein kompetenter IT-Dienstleister oder ein Systemhaus die Rolle des 4PL übernehmen kann. (4)

3. Beratungskompetenz

Eine wesentliche Herausforderung von 4PL-Anbietern ist die Implementierungsmethodik, die Analyse und -modellierung von bestehenden Logistikprozessen und -abläufen. Innovationen und Einsparpotenziale werden durch gezielte Vereinfachung von Abläufen und deren Anpassung an internationale Standards wie das SCOR-Model (Supply Chain Operations Reference) oder der CPFR-Initiative (Collaborative Planning, Forecasting and Replenishment) erreicht. 4PL-Leistungen sind deshalb durchaus auch ein interessanter Bereich für Unternehmensberatungen.

Praxislösungen

Da in der Praxis zur Zeit keine Firma in der Lage ist, allein alle drei Kompetenzbereiche ausreichend abzudecken, haben sich Kooperationen oder Joint Ventures zwischen Logistik- und IT-Dienstleistern, aber auch zwischen Logistikunternehmen und

Unternehmensberatungen gebildet, die zusammen die für den Kunden optimale Lösung entwickeln. (4)

Trotzdem zögern viele Großunternehmen noch, ihr Supply Chain Management an einen 4PL-Provider zu übertragen. Grundlegender Faktor für das Gelingen des 4PL-Konzeptes ist das Vertrauen zwischen Kunde und 4PL, da eine große Menge von vertraulichen Daten an den 4PL weitergegeben werden muss. Die Funktion des 4PL begründet eine enge Bindung an das Unternehmen, da die notwendige informationstechnische Vernetzung (noch) nicht so leicht wieder gelöst werden kann. Ein 4PL hat damit eine gewisse Machtstellung seinem Kunden gegenüber.

Einige Grossunternehmen ziehen es daher vor, den gesamten Logistikbereich in unternehmenseigenen Organisationen zu behalten, so z. B. die Lufthansa, DaimlerChrysler, Deichmann oder die Tengelmann-Gruppe. (3), (5), (6)

Fallbeispiele

Der Kuehne & Nagel Konzern bietet unter der

Dachmarke KN iLog als 4PL Supply Chain Management Solutions an. Dazu besteht eine strategische Partnerschaft mit dem Softwareunternehmen i2 Technologies. Das Leistungsangebot umfasst Lösungen für globale Supply Chains, die neben Transport- und Lagerdienstleistungen auch vom Kunden selbst erbrachte Bereiche abdeckt. Die Steuerung der gesamten logistischen Wertschöpfungskette, die Optimierung des täglichen Transportvolumens, Systemanalyse und Datenintegration, aber auch Prozessanalyse und -modellierung sind im Leistungsangebot enthalten.

Kühne & Nagel hat kürzlich mit Nortel Networks eine Vereinbarung zum Management von dessen globaler Logistikaktivitäten geschlossen. Die dafür extra von Kühne & Nagel in den USA gegründete Gesellschaft übernimmt das komplette Management und die Steuerung der Dienstleister für Im- und Export, Bestandsmanagement, Lagerhaltung, Distribution und Transportmanagement.

Penske Logistics und Ryder Systems, Inc. arbeiten bei der Realisierung ihrer SCM-Projekte ebenfalls mit i2Technologies zusammen. (4)

Die Unternehmensberatung Pricewaterhouse Coopers (PwC) hat für einen seiner Kunden ein spezielles 4PL-

Produkt-Portfolio entwickelt. Es wurden klar abgegrenzte und auf die Marktbedürfnisse ausgerichtete Dienstleistungen entwickelt, die auch für weitere Kunden geeignet sind.

Die Lufthansa Technik Logistik GmbH (LTL) versorgt zur Zeit mehr als 200 Kunden, davon als Hauptkunde natürlich die Lufthansa Technik, mit technischen Logistikdienstleistungen. Neben der Lagerhaltung und dem Transport von benötigten Ersatzteilen bietet die LTL als Zusatzdienstleistungen ein spezielles AOG-Desk (Airport on Ground) für Notfälle, Zollabwicklung und Gefahrgutabwicklung. Als Add-on Leistungen werden zur Verfügung gestellt: IT-Consulting, Logistik-Consulting, Bündelung von IT-Technologie oder ein Data-Warehouse. Das LTL IT-System unterstützt quer durch alle Logistikfunktionen die Einzelplatz-Auskunftsfähigkeit: Ein einziger Mitarbeiter ist in der Lage, alle Fragen zu beantworten, da alle Informationssysteme durchgängig vernetzt sind. (6)

Die TX Logistik (TXL), Bad Honnef, wird zukünftig als 4PL die Seehafenverkehre für die Wacker Chemie übernehmen. Der Verkehr zwischen den Wacker-Standorten Burghausen und Kempten und den Seehäfen Hamburg und Bremerhaven wird dabei ausschließlich über die Schiene abgewickelt. (7)

Die italienische Gruber Logistics AG hat im März 2002 in München eine Tochtergesellschaft gegründet. Diese Gesellschaft soll neben Kontraktlogistik auch 4PL-Dienstleistungen anbieten. Gruber Logistics analysiert die Waren- und Datenströme ihrer Kunden und entwickelt daraufhin ganzheitliche Lösungen für die Beschaffungs- und Distributionslogistik.

Die Bremer Innovations-Agentur (BIA) hat speziell für kleine und mittlere Unternehmen das Projekt cc-elogistics ins Leben gerufen. Unternehmenübergreifende Lieferketten, Reorganisation von Unternehmen, Integration von Produktions- und Distributionslogistik werden als Themen von Informationsmodulen oder in Beratungen angeboten.

Weiterführende Literatur

(1) Logistics Forum Duisburg geht in die dritte Runde, DVZ, Nr. 011 vom 26.01.2002
aus werben & verkaufen Nr. 19 vom 09.05.2003 Seite 048

(2) Praxisseminar 2002: Ein neuer Luther für die Logistik
aus LOGISTIK HEUTE, Heft 3/2002, S. 36-36

(3) Dortmunder Gespräche 2001/2002 Den Wandel

mitgestalten, BA Beschaffung aktuell, Heft 1, 2002 S. 38
aus LOGISTIK HEUTE, Heft 3/2002, S. 36-36

(4) 4PL in der Praxis: Auf halbem Weg
aus LOGISTIK HEUTE, Heft 11/2001, S. 36-37

(5) Schmidt-Auerbach, Markus, Strategische Bedeutung wächst; Der Handel, Nr. 01 vom 4.1.2002, Seite 20
aus LOGISTIK HEUTE, Heft 11/2001, S. 36-37

(6) 4PL in der Aviation-Industrie: Neues Zeitalter
aus LOGISTIK HEUTE, Heft 11/2001, S. 34-34

(7) TX Logistik überzeugt Wacker Chemie, DVZ, Nr. 035 vom 23.03.02
aus LOGISTIK HEUTE, Heft 11/2001, S. 34-34

Impressum

4PL (Fourth Party Logistics)

Bibliografische Information der deutschen Nationalbibliothek

Die Deutsche Nationalbibliothek verzeichnet diese Publikation in der deutschen Nationalbibliografie; detaillierte bibliografische Daten sind im Internet über http://dnb.d-nb.de abrufbar.

ISBN: 978-3-7379-0841-2

© 2015 GBI-Genios Deutsche Wirtschaftsdatenbank GmbH, Freischützstraße 96, 81927 München, www.genios.de

Alle Rechte vorbehalten. Dieses Werk ist einschließlich aller seiner Teile – z.B. Texte, Tabellen und Grafiken - urheberrechtlich geschützt. Jede Verwertung außerhalb der Grenzen des Urheberrechtsgesetzes bedarf der vorherigen Zustimmung des Verlags. Dies gilt insbesondere auch für auszugsweise Nachdrucke, fotomechanische Vervielfältigungen (Fotokopie/Mikroskopie), Übersetzungen, Auswertungen durch Datenbanken oder ähnliche Einrichtungen und die Einspeicherung und Verarbeitung in elektronischen Systemen.